ANNALES
DES
𝕮anonniers
DE LILLE.

PORTE D'ENTRÉE
de l'hôtel des Canonniers Sédentaires,
À LILLE.

ANNALES
DES
CANONNIERS
DE LILLE.

Par BRUN-LAVAINNE,

Chef de musique audit corps et Archiviste de la
Mairie de Lille.

A LILLE,
Chez CASTIAUX, Libraire, Grand'Place.

LILLE. — IMPRIMERIE DE BLOCQUEL.

ANNALES
DES CANONNIERS
De Lille.

Parmi les sentimens que la nature imprime au cœur de l'homme, il n'en est pas de plus noble, de plus susceptible de produire de grandes actions que l'*amour de la patrie*. Ces héros d'Athènes et de Rome, que l'histoire, après tant de siècles, nous présente encore comme des modèles qu'ont pu égaler, mais non surpasser quelques modernes, avaient pour premier mobile cet amour pur, que je n'entreprendrai point d'analyser ; mais dont les effets ont rempli l'univers d'admiration. Les ambitions particulières, qui causent presque toujours la ruine des républiques, avaient déjà presqu'entièrement éteint ce sentiment chez les Romains, lorsque les empereurs parurent. La corruption des mœurs acheva de l'anéantir. Chez les Gaulois ce fut l'effet de la conquête. Ce peuple si fier, si brave, si attaché aux lieux où il était né, ne reconnaissait plus sa patrie dans cette terre où l'étranger commandait en maître. Il opposa peu de résistance aux invasions des barbares : que lui importait de changer de joug? Mais lorsque des peuplades belliqueuses se furent fixées sur le sol où elles n'avaient d'abord apporté que le ravage, on vit se former en quelque sorte deux peuples distincts, n'ayant presque rien de commun entr'eux : l'un entièrement adonné aux armes, ne connaissant de lois que les volontés de son seigneur et de patrie que son château ;

l'autre livré de gré ou de force à la culture des terres, voué par sa naissance au travail, à l'indigence et à l'esclavage. Cet ordre de choses imposé par la force se soutint par l'habitude jusqu'à ce que les rois, voulant opposer un contre-poids à l'influence que donnaient à la noblesse les institutions féodales, favorisèrent l'émancipation des communes. Alors on vit se former de nouveau parmi les hommes des liens plus étendus que ceux de la famille. Tous les habitans d'une cité, unis par le même intérêt, régis par des lois ou réglemens qui ne dépendaient plus d'une volonté arbitraire, acquirent cette force morale sans laquelle il n'y a presque point de force physique. L'amour de la patrie reparut, et tandis que les grands vassaux déchiraient l'état par leurs sanglantes querelles, les communes, bien souvent étrangères à ces dangereuses factions, formaient en quelque sorte une base solide sur laquelle s'appuyaient le bonheur du peuple et la stabilité du trône.

Ce qu'une sage politique venait d'établir en France, la Flandre le possédait depuis long-temps. En effet, les Belges avaient retenu de leurs anciennes mœurs cet esprit de corps et d'associations qu'on remarque encore parmi eux. Les villes de Bruges, Ypres, Gand, avaient une existence politique, garantie par des concessions et des privilèges, dont elles n'abusèrent que trop dans la suite. Celle de Lille, moins importante alors, jouissait à peu près des mêmes avantages. Long-tems gouvernée par un maire, qui y faisait observer la justice d'après des formes dont le souvenir ne s'est pas conservé jusqu'à nous, elle reçut en 1195 une nouvelle organisation qui ne fut cependant réglée définitivement que 40 ans après, par Jeanne de Constantinople. Cette sage institution du pouvoir municipal, jointe aux franchises que la ville tenait, soit d'une possession immémoriale, soit de la grâce de ses princes, ne firent que fortifier dans le cœur des Lillois ce sentiment qui nous attache au sol qui a porté nos premiers pas, aux murs qui nous ont offert le premier abri, aux êtres qui partagent nos devoirs, nos droits, nos prérogatives, et dont les habitudes et le langage sont communs avec les nôtres. Mille faits ont prouvé que de cet attachement à l'héroïsme il n'y a qu'un pas, et que celui qui est animé d'un ardent amour pour son pays et pour ses compatriotes est capable des plus belles actions.

Sans nous arrêter aux époques reculées de l'histoire de Lille, où l'on pourrait trouver la démonstration de ce qui précède, reportons-nous à celle qui, par l'introduction des armes à feu, vit apporter de grands changemens dans l'art de combattre et dans le système d'attaque et de défense des places fortes.

Dans les siècles antérieurs au quinzième, les guerres n'étant presque toujours que des expéditions de peu de durée, les communes, lorsqu'elles en étaient requises par le souverain, marchaient en masse, conduites par leurs magistrats et commandées par le châtelain ou son délégué; mais par la suite, les inconvéniens nombreux qui résultaient de l'emploi de pareilles troupes sans discipline et sans habitude de la guerre, fit qu'on n'appela plus aux armes que les *tenant-fiefs* et *arrière-fiefs* ; on dispensa même les magistrats qui se trouvaient dans cette catégorie, ainsi qu'il se voit d'une ordonnance du duc Philippe, adressée aux bailli et prévôt de Lille le 14 juin 1421. Cette exemption ne fut cependant accordée qu'à la charge de pourvoir à la défense de la ville. C'est donc à peu près de ce temps que la milice municipale devint tout-à-fait sédentaire, et que la garde de ses remparts fut son seul service, sauf quelques exceptions nécessitées par des circonstances extraordinaires.

C'est vraisemblablement à la même époque que prit naissance le corps des Canonniers de Lille, dont nous allons offrir les annales ; car, bien que son existence comme *Confrérie* ne date que du 2 mai 1483, il est certain que ce corps subsistait long-temps avant, sous une autre organisation. La preuve s'en trouve dans les termes mêmes de l'ordonnance des magistrats du 2 mai 1483, « Nos prédécesseurs, disent-ils, ayant » mis sus un corps de Canonniers et » Couleuvriniers qui en aucuns temps » étaient soldoyés à la charge de la ville » et en autres temps avaient autres en- » tretennemens et supports, nous à la » rêqueste desdits Canonniers, etc. »

Ce Corps n'était donc pas nouveau en 1483, puisque déjà il avait subi plusieurs modifications, et l'on peut sans témérité assigner la première époque de sa formation au temps dont nous avons parlé ; c'est-à-dire vers 1421 (*), lors-

---

(*) M. Bottin, secrétaire-général de la préfecture, dans un discours adressé aux Canonniers le 9 mai 1805, va plus loin, car il fait

que la défense de cette ville fut plus particulièrement confiée aux habitans. D'ailleurs, la guerre cruelle qui désolait alors la France pendant la démence de Charles VI, l'usage que l'on commençait à faire de l'artillerie dans les sièges, tout prouve que la création d'un corps de Canonniers a dû être l'un des premiers moyens employés par les échevins pour assurer la conservation de la place qui était en quelque sorte commise à leur garde.

Cette opinion se trouve encore justifiée par une résolution du magistrat en date du 16 mai 1452. La ville était alors menacée par les Gantois rebelles

---

remonter l'origine des quatre compagnies bourgeoises jusqu'à l'année 1394. Cette opinion pourrait bien être fondée ; mais je ne puis que la rapporter sans la garantir.

qui dévastaient tout le pays environnant. Chaque habitant sans distinction de rang, ni de profession, était devenu soldat. Chevaliers, nobles, gens d'église, bourgeois, artisans, ouvriers, tous étaient tenus de faire le guet et de s'armer pour la défense des remparts. Dans cette circonstance, les échevins ordonnèrent *de placer près des portes et autres lieux à ce préparés, les veuglares et canons appartenant à la ville et estant sous les halles d'icelle.* Une autre résolution du 16 juin suivant porte que *les vieux canons hors de service* seront vendus, et qu'il en sera acheté de neufs.

Si en 1452 la ville avait des canons, on peut en conclure, ce me semble, qu'elle avait des Canonniers, soit qu'ils fussent *soldoyés* ou autrement *entretenus.* Au reste les Gantois ayant été battus par le duc Philippe, tous ces préparatifs de défense devinrent inutiles, et Lille n'ayant d'ailleurs essuyé aucun siège pendant le gouvernement des ducs de Bourgogne, il n'est pas étonnant que l'histoire se taise sur les services rendus par les Canonniers de Lille antérieurement à l'année 1483; services qui, jusqu'alors, ne furent peut-être que de simple vigilance. Mais on peut supposer que leur utilité fut plus particulièrement reconnue, lorsqu'en 1477 le roi Louis XI, comptant profiter de la minorité de la princesse Marie, fille de Charles-le-Téméraire, pour s'emparer d'une partie de ses vastes états, vint assiéger Saint-Omer et menacer Douai et Lille. Les sieurs de Chanteraine et Despierres, qui commandaient dans cette dernière ville, déjouèrent les projets du roi, et lui firent même lever le siège de Saint-Omer.

Aucun renseignement ne pouvant indiquer jusqu'à quel point les Canonniers de Lille contribuèrent au succès de ces opérations, nous laisserons à regret dans l'obscurité cette première partie de leurs annales, et nous les commencerons au premier acte authentique qui constate leur existence.

1482.
(11 mai).

Les compagnons Canonniers sermentés de Lille, ayant présenté une requête au magistrat à l'effet d'obtenir un nouvel *entretennement*, afin que les services qu'ils avaient *autrefois* rendus à la ville continuent de bien en mieux ; on leur accorde à chacun quarante sous de Flandres jusqu'à la Toussaint, et un paleteau (*) pour paraître à la procession. (Résolutions du magistrat, registre 2).

(20 Juillet).

Nouvelle requête par laquelle les Canonniers et Couleuvriers demandent l'autorisation de former entr'eux une confrérie à l'instar de celles de Valenciennes et de Douai. Les échevins, considérant l'utilité d'une semblable confrérie, décident d'écrire au duc pour obtenir cette autorisation. (Ibid).

1483.
(2 Mai.)

Ordonnance des magistrats portant création de la Confrérie de Ste.-Barbe.

(*) Le paleteau était un vêtement que portaient les gens de guerre.

Le nombre des confrères fut fixé à trente ; et il leur fut accordé différentes gratifications annuelles en vins, poudres, argent, etc., à la charge d'obéir à leur connétable *et aller aux lieux où ils seront ordonnés*, soit par les échevins, soit par ledit connétable. En cas de maladie d'un canonnier, chacun de ses confrères devait lui donner deux deniers par semaine jusqu'à sa guérison. On voit de plus par cette ordonnance que le magistrat avait accordé à ce corps un jardin près la porte de Fives. (Titre original, carton n.° 99).

1487.
(9 Avril).

Lettres-patentes de l'archiduc Philippe, duc de Bourgogne, portant confirmation de la Confrérie de Sainte-Barbe et de ses privilèges avec augmentation de dix hommes. (Titre orig. , cart. 99).

1511.
(5 Mars.)

Bien que les Pays-Bas fussent en paix pendant la minorité du jeune roi Charles, une sage politique empêcha de négliger les institutions utiles à la défense du pays. Celles des Canonniers fut portée au nombre de 80 hommes qui reçurent chacun une aune de drap pour un paleteau. (Résolution des magistrats, registre 3).

1516.
(25 Sept.)

Lettres-patentes de Charles, roi d'Espagne (depuis empereur Charlequint), portant confirmation de privilèges et ratification des quarante nouveaux confrères admis en 1511. (Titre original, carton 99.)

1541.

Charlequint, en considération des services qu'il déclare avoir reçu des Canonniers de Lille, leur accorde 50 florins carolus d'or, pour l'avancement des jardin et édifices commencés sur un terrain nouvellement acquis par leur compagnie près la porte des Malades.

1570.

(15 Sept.)

Nouvelle augmentation de vingt hommes accordée par le magistrat (titre original, carton 99).

1578.

Le feu de la rébellion ayant gagné tous les Pays-Bas, la ville de Lille est obligée d'armer pour sa défense. Six batteries servies sur ses remparts par les Canonniers sédentaires la préservent de toute surprise.

1581.

Le duc de Parme, gouverneur des Pays-Bas espagnols, entreprend le siège de Tournai avec une armée composée en grande partie de troupes du pays, et notamment des Canonniers de Lille. Le prince d'Épinoy, qui avait engagé les Tournaisiens dans la révolte, se trouvant absent, sa femme, Philippe Chrétienne de Lalaing, dont le courage était animé par le désir de venger la mort du comte de Horn, son oncle maternel, décapité à Bruxelles, prit elle-même le commandement de la place, et soutint avec une opiniâtreté presque féroce, un siège meurtrier de deux mois. Mais la constance et l'intrépidité des assaillans obligea cette héroïne à leur rendre une ville réduite à l'extrémité. Les Lillois alors rentrèrent dans leurs foyers, où ils ne tardèrent pas à recevoir de leur souverain les félicitations les plus honorables sur leur bravoure et leur fidélité. (Lettre de Philippe II, carton S, n° 46).

1583.

Le duc de Parme, profitant de la division qui existait entre les états généraux des Provinces-Unies et les troupes françaises, venues à leur secours sous le commandement du duc d'Anjou, reprend les villes de Dunkerque et d'Oudenarde. Les Canonniers de Lille se distinguent encore à ces deux sièges. (Thiroux, histoire de Lille.)

1602.
(21 octobre).

Adrien Vandenhende, seigneur de Lespie, connétable de la Confrérie de Sainte-Barbe, obtient une exemption de droits sur les boissons en raison des longs services par lui rendus à la ville. (Résol. des mag., reg. 6).

1638.
(13 mai).

Lettres de Philippe, roi d'Espagne, portant continuation du don de quatre lots de vin aux Canonniers pour chaque dimanche. Dans ces lettres, le sieur Hubert Duhot, seigneur du Grandfait, est désigné sous le titre pompeux de *connétable souverain*. (Titre orig., cart. 99).

1645.

(Septembre.)

Louis XIV ayant médité la conquête des Pays-Bas, y fit faire une irruption par les maréchaux de Gassion et de Rantzau qui s'approchèrent de Lille à l'improviste, comptant surprendre cette ville qu'ils savaient être dépourvue de garnison. Déjà ils s'étaient emparés des faubourgs de la Barre et de St.-Pierre, où ils avaient établi une batterie de treize pièces. A la première alarme, les Canonniers bourgeois s'élancent sur les remparts, lesquels n'étaient formés que d'une muraille de deux briques d'épaisseur, et là, sans gabions ni autres couvertures pour se garantir des coups de l'ennemi, nos braves compatriotes soutinrent par un feu continuel l'attaque la plus furieuse, depuis trois heures du matin jusqu'à onze du soir; en sorte que les ennemis furent obligés de se retirer en désordre, après avoir perdu beaucoup des leurs. (Titre orig., carton 99).

1648.
(25 Août.)

La guerre se rapprochant de nouveau de ces contrées, le magistrat sur la demande du sieur Lamoral-Dubois, échevin de la ville et connétable de la Confrérie de Sainte-Barbe, et vu l'assiduité du service des Canonniers sur les remparts, fixe leur nombre à 150. (Résol. du mag., reg 8).

1657.
(27 Mai.)

On voit par un bail de ce jour que la compagnie de Canonniers possédait en propriété un moulin à poudre avec jardin. (Carton 99).

1667.

Louis XIV étant venu en personne mettre le siège devant Lille, cette ville se défendit avec un courage digne du grand Roi qui voulait en faire sa conquête. Les Canonniers bourgeois, dont les pièces étaient placées sur le bastion à droite de la porte de la Magdeleine, firent tant de mal aux assiégeans que Louis XIV, après la prise de la place, voulut visiter cette batterie que les Français dans leurs lignes appelaient la batterie du Meunier, à cause du moulin qui était au milieu du même bastion; et comme on tirait ordinairement les cinq pièces de suite ; toutes les fois qu'ils y voyaient mettre le feu, ils criaient : « Gare le Meunier! » Durant ce siège, la compagnie eut quatre canons entièrement détruits dans leurs batteries ; d'autres pièces démontées par le feu de l'ennemi, trois hommes tués sur leurs pièces, et son chef, le brave Boussemaert, dangereusement blessé. *(Archives du corps.)*

1683.
(27 Novembre.)

Traité d'échange entre le magistrat et les Canonniers pour une portion de leur terrain qui avait été réuni à l'hôpital Saint-Louis. La ville leur donne en échange deux maisons situées Cour-Château et près de leur jardin. (Titre orig., carton 99 et résol. du mag., reg. 11, fol. 159).

1693.

L'ennemi s'étant avancé jusqu'au Pont-à-Tressin, les Canonniers reprirent le service sur les remparts. (Résol. , registre 17).

1708.

Fameux siège de Lille par le prince Eugène. Le maréchal de Boufflers s'y couvrit de gloire ; et il rendit hommage à la bravoure des Canonniers bourgeois qui le secondèrent de tout leur pouvoir. L'un deux, Jacques Boutry, reçut du Roi une pension de trois cens livres avec le droit de porter l'épée. Il s'était particulièrement distingué dans la construction de bateaux armés et autres machines de son invention pour le succès desquels il avait plusieurs fois exposé sa vie. (Archives du corps).

1713.

Le maréchal de Boufflers , chargé du commandement d'une armée en Flandres, manquait d'artillerie. Se souvenant encore des importans services rendus par les Canonniers de Lille, pendant le siège qu'il avait soutenu si glorieusement, ce général appelle sous ses drapeaux, les Artilleurs Lillois, et les employe pendant quatre ans à la défense des frontières. Dans les circonstances critiques où se trouvait alors le royaume, leur secours fut apprécié comme il devait l'être, et la France les compta au nombre de ses plus vaillans défenseurs.

1717.

Le duc du Maine, grand-maître de l'artillerie, fait don aux Canonniers de Lille de deux pièces de canon, en témoignage de leur bravoure et de leur fidélité. (Archives du corps).

1728.
(13 Mars.)

Refus fait par le magistrat de reconnaître les privilèges de la Confrérie de Sainte-Barbe, lesquels depuis trente-six ans étaient tombés en désuétude. (Rés., rég. 24). Dès ce moment le corps des Canonniers réduit à de faibles ressources marche à grands pas vers sa décadence.

1729.

La ville donne un drapeau neuf aux Canonniers à l'occasion de la naissance du Dauphin. (Carton 99).

1736.
(13 Mars.)

Indemnité de 1500 florins accordée à la compagnie, à cause de la suppression d'une porte de son jardin, occasionnée par la construction de la Caserne des Malades. (Ibid., rég. 26).

1744.

La guerre recommence sur les frontières de Flandres et donne lieu de reconnaître de nouveau l'utilité du corps des Canonniers.

1745.
(20 Octobre).

Le magistrat, en reconnaissance des services rendus fréquemment à la ville par les Canonniers, et considérant combien leur compagnie est obérée, lui accorde, outre la somme ordinaire de cent florins par an, la distribution de cent livres de poudre et l'exemption d'impôts à concurrence de deux pièces de vin, une somme annuelle de 400 autres florins et exemption sur deux pièces de vin de surplus. (Carton 99).

1762.
(18 Décembre.)

On voit par une requête de cette année, que d'après leur institution, les Canonniers étaient enrôlés pour la vie et ne pouvaient se dégager sous aucun prétexte. (Carton 99).

1768.
(30 Mai.)

Suivant l'usage assez généralement adopté par les diverses corporations, la Confrérie de Sainte-Barbe avait un fou ou espèce de bouffon qui la divertissait par ses saillies ou par ses attitudes grotesques, car on voit par une ordonnance de cette année qu'il fut défendu au fou des Canonniers de paraître à la procession (Résol. , reg. 45).

1781.
(8 Novembre.)

La ville donne un drapeau neuf aux Canonniers à l'occasion de la naissance du Dauphin. (Carton 99).

1791.
(14 Juillet.)

Des événemens qu'il serait trop long de rapporter ici, ayant amené en France une révolution dont les commencemens parurent séduisans par la réforme de quelques abus, et dont les suites furent affreuses par les crimes qui remplirent la France de deuil et d'épouvante, une nouvelle force publique fut créée, la garde nationale s'organisa, et dans son sein se formèrent deux compagnies de Canonniers, dont une était composée en grande partie des anciens confrères de Sainte-Barbe. Le sieur Nicquet, leur capitaine, fut installé avec les autres officiers de la garde nationale, le jour de la fameuse fédération des départemens du Nord, du Pas de Calais et de la Somme. (Archives, carton 7).

(13 et 27 Septembre.)

Ordonnances portant suppression de la Confrérie de Sainte-Barbe. (Ibid).

1792.

Les Canonniers de Lille réclament en vain contre la suppression de leurs droits; le district s'empare de leurs biens au nom de la nation; et la municipalité fait enlever le 24 février les deux pièces de canon qui étaient restées à l'hôtel des Canonniers. (Archives, carton 7).

(29 Avril.)

Malgré cette injustice criante, les Canonniers réunis à la garde nationale n'en continuent pas moins leur service avec zèle dans toutes les occasions. La malheureuse affaire dite du *Pas de Baisieux* vient leur en offrir une. A la première alarme ils volent sur les remparts et y demeurent jour et nuit à leurs pièces jusqu'à ce que la tranquillité soit rétablie. (Ib.)

(Septembre.)

Mais bientôt un danger plus réel se présente : Les Autrichiens s'avancent vers nos murs. La garnison de Lille était considérablement diminuée pour le rassemblement de forces qu'il fallait opposer à l'ennemi au camp de Mauldé, après la levée du camp de Famars, et la marche de la plus grande partie des troupes vers l'armée du centre. Le maréchal de camp Ruault, commandait la place, et dans deux sorties confiées par lui au lieutenant-colonel Clarenthal, l'ennemi avait été repoussé avec perte au-delà de Flers et d'Annapes ; mais les Autrichiens, ayant reçu de nouveaux renforts, revinrent bientôt au nombre de vingt-huit à trente mille, se poster en plusieurs camps, presqu'à la vue de cette ville. Ses défenseurs comptaient au plus six mille hommes, composés en grande partie de volontaires de plusieurs départemens et de chasseurs Belges. Il s'y trouvait seulement deux compagnies d'artillerie de ligne, commandées par les capitaines Perrin et Béatrix. Les deux compagnies bourgeoises avaient pour chefs MM. Ovigneur et Nicquet, et pour les porter au complet de 110 hommes chacune, on venait d'y incorporer un certain nombre de grenadiers tirés des autres compagnies de la garde nationale. De si faibles ressources devaient paraître insuffisantes pour la défense de la place ; mais à l'aspect de ces dispositions menaçantes tout habitant était devenu soldat. Les Canonniers oubliant qu'une loi révolutionnaire les avait privés de leurs biens ; que des trophées acquis au prix du sang de leurs prédécesseurs leur avaient été retirés ; que leurs meubles, papiers et titres étaient depuis un an sous les scellés, les Canonniers, dis-je, ne voient que le danger qui menace leur patrie. Inébranlables au poste de l'honneur, ils donnent à tous l'exemple du dévouement et du courage. Associés à tous les dangers de la garnison, une partie d'entr'eux furent désignés pour soutenir les sorties du 24 et du 25, commandées par le général Duhoux. Dans la première il s'agissait de repousser les avant-postes ennemis qui avaient tenté de s'emparer du faubourg de Fives. Cette opération eût d'abord du succès; mais les Autrichiens, étant revenus à la charge, forcèrent la grand'garde à se replier sur la lunette de Fives et dans le chemin couvert, de sorte que le faubourg demeura en leur pouvoir.

Le lendemain matin une nouvelle sortie eût lieu; mais à peine était-on parvenu aux premières maisons du faubourg, que l'ennemi qui l'occupait sur tous les points, fit un feu très-vif sur notre avant-garde. Elle riposta avec infiniment de sang-froid, et repoussa les assaillans jusqu'à la tête du faubourg. La colonne qui suivait eût sans doute poussé plus loin cet avantage, si le feu caché des fermes n'eût fait un devoir au général Duhoux d'opérer sa retraite pour ne pas exposer inutilement les troupes sous ses ordres, on se retira donc en bon ordre, soutenu par le feu de la place qui était dirigé avec autant d'habileté que de sagesse.

Lille fut dès lors déclarée en état de siège. L'artillerie se déploya sur le front menacé, et chacun à l'envi fit preuve d'activité dans les mesures nécessitées par la circonstance.

Cependant l'ennemi avait ouvert la tranchée à trois cent cinquante toises environ du saillant des ouvrages extérieurs de la noble tour, et quoiqu'on ne cessât de harceler ses travailleurs, il eût établi toutes ses batteries le 29 au matin. Ce même jour à onze heures, un officier supérieur autrichien se présenta comme parlementaire à la porte Saint-Maurice. Il était porteur de deux lettres du prince **Albert de Saxe**, l'une pour le général commandant, l'autre pour la municipalité. Le Prince les sommait de rendre la ville et la citadelle à son souverain l'empereur d'Allemagne. Cet envoyé, conduit les yeux bandés à l'état-major et à la maison commune, put entendre sur toute sa route les acclamations des habitans qui n'étaient rien moins que favorables à sa mission. Les autorités d'accord avec le vœu du peuple, firent à la sommation de l'ennemi les réponses les plus énergiques en annonçant la résolution de s'ensevelir sous les ruines de la place plutôt que de la rendre. A peine l'officier autrichien eut-il atteint les postes des assiégeans, qu'une détonation subite de douze mortiers et de vingt-quatre pièces de gros canons tirant à boulets rouges, jeta l'alarme dans quelques quartiers de la ville. Notre artillerie opposa vainement à cette formidable attaque toute l'ardeur dont elle était susceptible. Le feu se manifesta d'abord, au clocher de l'église de Saint-Etienne, puis à la tour de la paroisse Saint-Sauveur et dans un grand nombre de maisons de ce dernier quartier. L'ennemi en criblant de bombes et de boulets rouges l'habitation de pauvres ouvriers, avait pour but de les réduire au désespoir et d'exciter parmi eux une émeute qui pût forcer les autorités à cesser une résistance si périlleuse ; mais il fut trompé dans son attente. Le premier moment de terreur passé, l'habitant et le soldat se familiarisèrent tellement avec cette grêle de projectiles qui pleuvait sans cesse au-dessus de leurs têtes, qu'ils devinrent très-ingénieux sur les moyens de les éviter ou de diminuer les dangers de leur chûte. Des saillies de gaîté se mêlaient même parfois aux soins qu'ils prenaient pour leur conservation; mais aucun d'eux n'eût la lâcheté de parler de se rendre. La vue de leurs toits embrasés, de leur mobilier détruit, de leurs concitoyens écrasés sous les débris, ne leur inspirait qu'une horreur insurmontable pour les auteurs de tant de maux, et la résolution de mourir plutôt que de tomber sous leur joug.

Tandis que tout le peuple manifes-ait à cet égard des sentimens unanimes, nos Canonniers, nuit et jour à leurs pièces, lançaient du haut des remparts les foudres qui portaient aussi la mort dans les rangs ennemis. Etrangers à tout autre soin qu'à celui du salut de la patrie, ils ne permettaient pas même à leur pensée de s'arrêter douloureusement sur leurs propriétés détruites, leurs familles en danger ; une voix plus impérieuse encore parlait à leurs cœurs et les enchaînait au poste de l'honneur, c'était-là que chacun s'empressait de leur apporter ce qui était nécessaire à leur nourriture. Il n'y avait plus alors de distinctions de rang, ni de fortune. Tous partageaient en frères les vivres que la reconnaissance publique s'empressait d'apporter aux défenseurs de la cité.

Vers le quatre ou le cinq octobre, les

assiégés tentèrent un nouvel effort pour réduire au silence l'artillerie ennemi. Vingt-huit mortiers d'un fort calibre furent mis en batterie. On ne peut se faire une idée de l'ardeur avec laquelle chacun travailla à cette importante et difficile opération. Des femmes et même des enfans venaient prêter le secours de leurs bras dont les forces étaient doublées par le sentiment qui les animait. Enfin les vingt huit nouvelles bouches à feu, vomirent toutes à la fois leurs globes meurtriers et cette explosion terrible sembla porter l'épouvante dans le camp ennemi. Le bruit s'y répandit qu'un renfort considérable était entré dans la place, car on ne pouvait croire qu'un aussi petit nombre d'artilleurs fut capable de soutenir un tel feu. Dès ce moment, les assiégeans ralentirent sensiblement celui de leurs batteries et ils commencèrent à les évacuer. Le 8 octobre, ils abandonnèrent tout-à-fait l'attaque et firent leur retraite sur Tournai. (Journal du siège.)

Parmi les traits d'intrépidité ou d'adresse qui signalèrent cette époque mémorable, je citerai les suivans qui font tous honneur au corps des Canonniers : On vint annoncer à M. Ovigneur, capitaine d'une des deux compagnies de Canonniers bourgeois, que sa femme était dans les douleurs de l'enfantement. « Est-
» elle en sûreté, demanda-t'il ? — Oui,
» on l'a transportée dans une maison où
» elle n'a pas d'accident à craindre. —
» En ce cas, je suis tranquille. » Bientôt après il apprend que sa maison est en feu. « Accourez, lui dit-on, tout va
» devenir la proie des flammes. — Tu
» vois l'ennemi, répond-il avec le plus

» grand calme, je suis à mon poste,
» et j'y reste.

Le caporal Blanchez, père de famille, étant sorti par la porte St-Maurice, combattit corps à corps un soldat autrichien, le fit prisonnier et le ramena en ville.

Les deux fils de M. Legrand-Leblond, nouvellement entrés au corps, signalèrent leur bien-venue par différentes marques de valeur; le plus jeune surtout, donna dans l'attaque du faubourg, des preuves d'intrépidité, qui le firent distinguer parmi ses camarades.

Le canonnier Reboux, pointant avec une justesse rare, fit sauter un caisson ennemi chargé de poudre, et répandit l'effroi dans la tranchée.

Un autre boulet, parti également de nos remparts, fit crever la culasse d'un mortier autrichien; le même qui fut trouvé abandonné dans les ouvrages, après la retraite des assiégeans, et qui décore maintenant la cour de l'hôtel des Canonniers.

Pendant la durée du bombardement, cinq canonniers furent tués et plusieurs autres blessés. On évalua à deux mille hommes la perte que leur feu fit éprouver à l'ennemi.

1792.
(21 Octobre)

A peine les Autrichiens s'étaient éloignés de nos remparts ; l'incendie couvait encore sous les ruines de la paroisse de Saint-Sauveur ; lorsqu'en exécution d'un décret de l'assemblée nationale, il fallut que les Canonniers vinssent déposer à la municipalité les drapeaux qui depuis tant de siècles avaient été pour eux ou le gage de la victoire, ou le prix de leur fidélité au souverain. Toujours dociles à la voix de leurs supérieurs, ils se soumirent à cette cérémonie humiliante, qu'on eût soin d'entourer d'une sorte de pompe républicaine dont le charlatanisme pût en imposer aux esprits peu clairs-voyans. Le curé constitutionnel de Ste.-Catherine prononça en cette occasion un discours d'énergumène, où l'éloge des braves qu'on dépouillait de leurs trophées se trouvait noyé dans un torrent d'imprécations contre les rois et leurs *satellites*. C'était l'éloquence du temps !

1793.

Bientôt les Canonniers de Lille durent se soustraire aux harangues fraternelles et aux couronnes civiques, pour aller de nouveau répandre leur sang pour la défense de la patrie ; mais cette fois, ce fut aux frontières et sur le territoire ennemi qu'ils allèrent combattre, et on les retrouva tels qu'ils s'étaient montrés sur les murs de leur cité.

An IV. | 1796.
(Floréal.) | (Avril).

Telle était l'impéritie ou le délire des gouvernans qui se succédaient avec rapidité dans l'arène sanglante de la révolution, que non contens d'avoir consommé la spoliation dont les Canonniers étaient victimes, et que leurs services récens auraient dû faire suspendre, ils ordonnèrent en l'an IV, la suppression des compagnies de Grenadiers, Chasseurs et Canonniers de la garde nationale, mais cette fois la municipalité adressa au ministre les représentations les plus fortes sur la nécessité de conserver des compagnies qui montraient pour le service intérieur et extérieur un zèle au-dessus de tout éloge, et la réforme projetée n'eut pas lieu à Lille. (archives, carton 7).

An VII. | 1798.
(3 Brumaire) | (24 octobre.)

Une révolte éclate dans une partie de la belgique. La principale cause en existait sans doute dans les mesures oppressives des agens de la république ; mais les français, qui se disaient libres, traitaient de brigands des hommes qui voulaient être libres d'une autre manière que la leur. Toutefois le désordre était grave et le danger pressant pour les contrées voisines. Raisonner eût été hors de saison ; obéir est le premier devoir de celui qui porte les armes. En peu d'heures, douze cens hommes de la garde nationale de Lille, parmi lesquels un bon nombre de Canonniers, sont prêts pour le départ. On les dirige sur Bruges et les campagnes voisines, où par leur secours la tranquillité est bientôt rétablie. Ce corps rentre à Lille le 19 du même mois, comblé d'éloges du général Laurent, qui commandait dans le département de la Lys. (Arch., carton 7).

An XI. | 1803.
(13 Fructidor.) | (31 Août).

Arrêté des consuls qui ordonne que les Canonniers sédentaires de la ville de Lille, institués depuis le 2 mai 1483, seront de nouveau réorganisés, qu'une maison leur sera donnée pour tenir lieu de celle qui a été vendue, et qu'il leur sera en outre fait présent de deux pièces de quatre sur lesquelles seront gravés ces mots : *Le premier consul aux Canonniers de Lille* , avec la date du 29 Septembre 1792, afin de conserver la mémoire du siège de Lille.

An XII. | 1804.
(13 Floréal.) | (3 Mai.)

Réglement portant organisation du corps des Canonniers sédentaires. Il y est dit que ce corps recevra chaque année de la commune cent livres de poudre et quinze cens francs , laquelle somme lui tiendra lieu de celle qu'il recevait autrefois du magistrat pour le service des batteries et des exemptions et privilèges dont il jouissait.

(2 Thermidor, 21 Juillet 1804)

Décret impérial qui est la conséquence

de l'arrêté de l'année précédente, et dont voici la teneur : « Art. I.er La maison des Urbanistes et dépendances, située à Lille, est abandonnée aux Canonniers sédentaires de cette ville, à titre d'indemnité de celle vendue au profit de la république, qu'ils possédaient anciennement et dont le remplacement a été ordonné par arrêté du gouvernement du 13 fructidor an 11. etc. »

An XIII. | 1805.
(19 floréal.) | (9 Mai).

Cérémonie militaire, à la suite de laquelle le secrétaire-général du département, délégué par le préfet, pose la première pierre du portique de l'hôtel du corps, et retrace dans un discours les principaux services des Canonniers de Lille.

1809.
(Août).

Tandis que la soif des conquêtes conduisait le chef du gouvernement aux extrémités de l'Europe, nos frontières demeuraient presque sans défense. Une expédition sortie des ports d'Angleterre, vient débarquer dans l'île de Walcheren, s'empare de Flessingue et menace Anvers, où s'était réfugiée la flotte française. A défaut d'armée, toutes les gardes nationales des départemens voisins furent appelées à la défense du territoire. Le corps entier des Canonniers de Lille fut dirigé vers l'un des points les plus exposés. Toutefois il n'eut point d'autres ennemis à combattre que les vapeurs pestilentielles d'un pays marécageux, qui produisirent bientôt une sorte d'épidémie à laquelle succombèrent vingt-sept Canonniers, dont trois officiers. Ceux qui revinrent de cette expédition furent presque tous atteints de maladies graves dont quelques-uns se ressentirent encore long-tems après.

1811.
(1 Février)

Nomination de M. Joseph Brame en qualité de commandant des Canonniers sédentaires. Dès ce moment le corps semble recevoir une nouvelle vie : la discipline, la régularité, l'instruction y reparaissent avec plus d'éclat que jamais.

1813.

Les désastres de nos armées en Russie et en Allemagne, ayant attiré sur la France toutes les forces de l'Europe, il fallut songer à l'armement des places de l'intérieur, qu'une longue sécurité avait laissé dans un mauvais état de défense. La ville et la citadelle de Lille furent complètement armées par les Canonniers sédentaires, qui montrèrent toute l'intelligence et l'activité nécessaires à cette opération difficile et pénible. On remarqua alors dans l'exécution des différens travaux la force prodigieuse du Canonnier Charles Roussel, sournommé depuis, *l'Hercule du Nord,* et dont les formes athlétiques ont été admirées dans toute la France.

1814.

Au commencement de cette année la Belgique fut envahie par les armées alliées, et le corps du général Maison dut se replier sur Lille. Cependant Anvers tenait encore ; Ce général se porta en avant pour y jeter du secours. Arrivé près de Menin, il trouva cette ville occupée par les Saxons qui avaient tourné le pont de bois par lequel seulement on pouvait venir à eux. L'armée française arrêtée par cet obstacle ne pouvait le franchir que par des travaux trop longs pour la circonstance, ou par un grand circuit. Les sieurs N......, Cousineau et Huguet, tous trois canonniers de Lille, que la curiosité avait conduits près de là, s'offrent pour replacer le pont à la vue de l'ennemi qui, tranquille dans Menin, y fait les apprêts de son dîner. M. Huguet demande à passer le premier et ses deux camarades s'engagent à lui succéder, s'il succombe dans son entreprise ; alors il se précipite dans la Lys, traverse cette rivière à la nage malgré les glaçons qu'elle charie en abondance, parvient jusqu'au pont, le fait tourner sur son pivot, facilite ainsi le passage de l'armée et ne laisse plus aux ennemis d'autre ressource qu'une honteuse fuite. Le résultat de cette action hardie fut la marche rapide du général Maison qui reprit Gand, ravitailla Anvers et accomplit ainsi le but de son expédition. M. Huguet a reçu pour ce motif la croix d'honneur des mains de son Altesse Royale le duc de Berry.

(Mars).

Par arrêté du général de division baron Brenier de Montmorand, l'effectif de chacune des deux compagnies fut porté au grand complet de 137 hommes, et une troisième compagnie, dite auxiliaire se forma suivant le mode d'organisation des deux autres. Cette compagnie fut licenciée vers la fin de 1814.

1815.
(17 Mars.)

La France commençait à respirer sous un gouvernement réparateur, lorsque Bonaparte tenta de ressaisir le sceptre dont il avait tant abusé. A la première nouvelle de son débarquement, on crut qu'il courait lui-même au-devant de sa perte ; mais lorsqu'on apprit avec quelle facilité il était parvenu jusqu'à Lyon, un enthousiasme tardif se manifesta sur divers points de la France en faveur des Bourbons. Il se forma à Lille plusieurs compagnies de volontaires royaux et une partie du département suivit cet exemple. Le 17 mars on vit partir avec deux pièces de quatre, une de ces compagnies entièrement composée de Canonniers sédentaires et commandée par le capitaine Coustenoble. M. Poirel, lieutenant au même corps, était parti la veille avec la première compagnie de volontaires. Mais arrivés à Compiègne ils furent informés de l'évènement du 20 mars qui rendait leur dévouement inutile, et n'eurent d'autre parti à prendre que d'opérer leur retraite sur Lille où ils rentrèrent avec les armes qui leur avaient été confiées.

Cependant, dès le 22 le Roi s'était aussi retiré à Lille, et une garde d'honneur lui avait été donnée, composée d'une compagnie de grenadiers de ligne et d'une compagnie de Canonniers sédentaires. Celle-ci, commandée par le capitaine Vanackère, manifestait hautement son dévouement à la personne royale, tandis que les grenadiers rangés de l'autre côté de la cour n'opposaient aux acclamations de *vive le roi*, qu'un morne silence et des regards menaçans. La garnison toute entière était animée des sentimens les plus contraires à la cause royale, et qui sait si la présence d'une compagnie aussi fidèle que brave n'a pas épargné au malheureux monarque les violences ou les insultes auxquelles pouvait se porter une soldatesque impatiente de reconnaitre son ancien chef !

Le 18 juin arriva, et pour la seconde fois l'étranger couvrit la France de ses innombrables bataillons. La population de Lille, qui pendant les cent jours n'avait pas déguisé ses sentimens, jouissait plus que toute autre du retour du Roi; mais elle ne pouvait concilier cette idée toute française avec celle de se soumettre, même passagèrement à une domination étrangère. D'ailleurs, la possession d'une place aussi importante pouvait tenter quelque puissance voisine et offrir une chance défavorable de plus au monarque qui ne se trouvait déjà que trop à la merci de ses alliés. Par un mouvement spontané le drapeau blanc est arboré partout, l'autorité royale reconnue de nouveau et les portes ouvertes seulement au petit nombre de Français qui avaient suivi l'étendard des Bourbons. Cependant il y avait encore en ville plusieurs bataillons de gardes nationales mobiles des départemens de l'Aisne et de la Somme, qui n'avaient cessé de se montrer en opposition ouverte avec les habitans. Leur licenciement ne pouvait s'opérer que d'après des ordres supérieurs. Ils résolurent de ne pas les attendre et de partir par grosses troupes avec armes et bagages. Dans la nuit du 5 au 6 juillet, six cens hommes d'entr'eux se présentent à la porte Saint-Maurice qui était gardée par vingt-cinq Canonniers bourgeois sous le commandement du capitaine Coustenoble. La fermeté de cet officier et l'attitude de son détachement déconcertent ces militaires. Ils changent alors de direction et se rendent à la porte de Paris où se trouvaient des Canonniers de ligne commandés par un officier, ayant deux pièces de canon en avant du poste. Cette garde faiblit à la première menace des déserteurs, ceux-ci forcent le passage et s'échappent de la ville, où dans leur intérêt même on voulait les retenir. Quels dangers en effet ces malheureux ne couraient-ils pas en parcourant dans un tel désordre des routes couvertes de colonnes ennemies? et que d'inconvéniens d'ailleurs n'avait-on pas à craindre de la dispersion d'un nombre aussi considérable d'hommes exaspérés et pourvus d'armes dont ils pouvaient faire un dangereux usage? Le succès de cette première tentative ayant excité leurs camarades à en essayer une nouvelle, il s'en réunit encore environ quatre cens qui, pour mieux surprendre les défenseurs de la porte, arrivèrent par la place du réduit et débouchèrent ainsi à quatre pas de la garde; mais celle-ci avait été changée. Elle était composée en ce moment de vingt Canonniers sédentaires sous les ordres de M. Poirel, lieutenant. De ses deux pièces l'une était chargée à boulet, l'autre à mitraille. Les hommes qui l'accompagnaient se montraient déterminés à faire leur devoir; mais derrière eux le corps-de-garde de la porte était occupé par un poste de gardes nationaux des mêmes bataillons que ceux qui se révoltaient ainsi contre l'autorité militaire, et dans le cas où ils auraient voulu faire cause commune avec leurs camarades, la position de nos Canonniers devenait très-critique. Malgré ce désavantage facile à sentir, M. Poirel s'avance de quelques pas au-devant des mutins pour les sommer de se retirer; mais sourds à sa voix, ils ne lui répondent que par des menaces; l'un d'eux s'apprête à le frapper de sa baïonnette, et tous s'avancent en colonne serrée pour accomplir leur dessein; l'officier se retire alors entre les pièces et commande le feu; par le hasard le plus heureux l'amorce ne s'enflamma pas ; mais l'effet n'en fut pas moins terrible sur les mutins qui, voyant le danger qui les menace perdent en un instant toute leur résolution et mettent bas les armes en s'estimant heureux de recouvrer à ce prix la liberté de retourner dans leurs foyers. Cette circonstance, dans laquelle M. Poirel montra au plus haut degré le sang-froid et l'intrépidité qui de tout temps le distinguèrent, donna la preuve de ce qu'on pouvait attendre d'un corps ainsi composé et commandé. La suite acheva de le démontrer, lorsque la garde nationale dût suffire à un service pénible et assidu pendant tout le temps que dura l'invasion. Les Canonniers ne montrèrent pas moins de zèle et de constance à partager ses travaux.

1824.
(Août).

Aux orages politiques ont enfin succédé le calme et la tranquillité. Les habitans de ces contrées, rendus à leurs paisibles occupations, oublient les maux de la guerre en se livrant aux travaux de l'industrie ou à la culture des arts. A leur exemple les Canonniers ne regardent plus leurs exercices militaires que comme un agréable délassement, dont l'utilité se ferait encore sentir au besoin, et ils recherchent parfois de plus douces victoires que celles qu'il faut arroser de sang et de larmes. C'est ainsi que la musique de ce corps, désirant tirer quelqu'honneur des efforts soutenus qu'elle fait pour se perfectionner, alla disputer au concours de Roubaix le prix d'harmonie et en rapporta la première médaille décernée à la meilleure exécution musicale et celle pour la bonne tenue. Un détachement du corps avait accompagné la musique dans cette petite promenade militaire.

1826.
(Août).

Encouragée par ce premier succès la musique des Canonniers accepta deux ans après une invitation qui lui fut adressée pour se rendre au concours de Gand. Les Canonniers, compris dans la même invitation, formèrent un détachement volontaire d'environ quarante hommes, conduits par trois officiers, et, précédé des sapeurs et tambours du corps. Le but principal de cette expédition était de faire revivre d'anciennes relations d'amitié, entre deux villes qui furent long-temps soumises aux mêmes lois et qu'une heureuse paix permet de cultiver encore. Le gouvernement Français et celui des Pays-Bas, ayant cédé avec empressement au desir manifesté de part et d'autre, on vit pour la première fois depuis plus de douze ans une petite colonne d'artilleurs passer la frontière avec armes et bagages, et parvenir en amis jusqu'au centre d'une province étrangère qui les accueillait comme d'anciens compatriotes. Je crois ne pouvoir mieux rendre les détails de ce voyage, qu'en insérant ici le rapport qui fût fait au retour par les chefs de l'expédition.

RAPPORT à Monsieur le Colonel de la Garde Nationale, commandant le corps des Canonniers sédentaires de Lille,

M. LE COLONEL,

Conformément à votre ordre de départ donné le 20 de ce mois, ensuite de l'autorisation accordée par S. E. le ministre de l'intérieur, transmise par M. le préfet du département du nord, le détachement de Canonniers accompagnant à Gand la musique dudit corps, s'est mis en marche le 20 août à minuit précis, pour cette destination. Il se composait de trois officiers, quatre sous-officiers, un caporal, trente-deux canonniers, trente-cinq musiciens, huit sapeurs, un tambour-major et six tambours.

Arrivés à deux heures du matin au hameau de la Croix Blanche, à deux lieues en deçà de la frontière, nous trouvâmes un cavalier d'ordonnance belge qui nous y attendait. Il était porteur de la lettre suivante adressée au chef du détachement par le commandant de place de Menin.

Place de Menin, le 20 août 1826.

M. LE COMMANDANT,

« Venant de recevoir l'ordre du grand
» commandement militaire, conformé-
» ment à celui du ministère de la guerre,
» d'accorder le passage par cette forteresse
» à votre troupe armée avec sa musique,
» et qu'il est du desir de S. M. le roi mon
» maître par son décret du 14 courant N.°
» 84, de vous accorder toute aide et assis-
» tance et rendre les honneurs dûs à une

» troupe *étrangère* et *amie*, je vous expé-
» die ici à votre rencontre ce cavalier (ne
» sachant l'heure de votre arrivée:) Vous
» invitant vite de me le réexpédier, avec
» votre réponse, me faisant connaître
» l'heure de votre arrivée pour être à vo-
» tre rencontre aux glacis de la place avec
» le détachement commandé à cette fin
» et vous conduire par la ville. Si vous desi-
» rez faire jouer votre musique en traver-
» sant la ville, veuillez me le dire pour que
» j'en prévienne ici les tambours et corps.

» Recevez à la hâte mes sincères et res-
» pectueuses salutations.

» Par ordre du commandant de la place,
Le major Louis SAGERMANS.

Nous chargeâmes le militaire porteur
de cette dépêche de remercier en notre
nom M. le commandant de Menin, et de
le prier de vouloir bien nous dispenser

des honneurs militaires que nous ne pensions pas devoir être rendus, attendu qu'il ne faisait pas encore jour; notre desir d'ailleurs étant d'éviter à M. le commandant et à sa garnison de se déranger une heure si peu convenable. Nous apprîmes plus tard que déjà les troupes belges étaient sur pied pour nous recevoir, lorsque d'après notre réponse on leur donna contr'ordre. Toutefois MM. les officiers et quelques sous-officiers demeurèrent pour nous accueillir de la manière la plus cordiale.

Après quelques instans de repos, nous nous remîmes en route pour Courtrai. La société philharmonique de cette ville vint nous recevoir hors la porte où nous mîmes pied à terre, et d'où nous entrâmes en ordre dans la ville que nous ne fîmes que traverser, malgré toutes les instances faites pour nous y arrêter.

Nous continuâmes de cheminer à pied jusqu'à Harlebecque où nous avions fait préparer à déjeûner. De là nous repartîmes sur nos voitures sans nous arrêter jusqu'à Peteghem, où deux musiques, celles de Peteghem et de Deynse, nous reçurent avec les vins d'honneur et se disputèrent le privilège de nous fêter. L'une d'elles nous accompagna même jusqu'à une demi-lieue sur la route de Gand. Enfin à l'approche de cette dernière ville, vers l'endroit nommé *le Mouton*, des commissaires se présentèrent pour nous adresser les premières félicitations, tandis que de petites pièces de canon placées près de la route tiraient des salves pour annoncer notre arrivée. Nous vîmes venir ensuite au devant de nous une quantité d'équipages, de cabriolets et de cavaliers qui nous formèrent une brillante escorte.

Nous étant arrêtés à une petite distance du faubourg, nous fûmes reçus par la belle société de Sainte Cécile de Gand, qui nous présenta les vins d'honneur et se plaça en tête de la colonne ; un nombreux détachement d'infanterie et un escadron de cavalerie s'y joignirent un peu plus loin, et tous ensemble nous traversâmes une multitude prodigieuse qui faisaient retentir l'air de ses acclamations et couvrait toute la route, le parapet qui la borde, et même la montagne voisine sur laquelle on élève les fortifications destinées à protéger la ville de ce côté. De nouvelles décharges d'artillerie vinrent se mêler aux cris mille fois répétés de *vivent les Lillois ! vivent les Français !* Les sons éclatans de la musique guerrière, l'attitude vraiment militaire de nos Canonniers qui marchaient *le sac* sur le dos ; leurs uniformes couverts de poussière, mais rappelant encore de nobles souvenirs ; leurs visages brûlés par le soleil, mais rayonnans de plaisir, formaient un ensemble que le peuple semblait ne pouvoir assez contempler. Des officiers de hussards qui avaient poussé la complaisance jusqu'à se charger eux-mêmes du soin d'écarter la foule, avaient toutes les peines imaginables à nous ouvrir un passage. Pour nous, émus au dernier point d'un accueil aussi flatteur, nous nous félicitions mutuellement d'avoir entrepris un voyage qui nous procurait des sensations si agréables.

A peine arrivés nous nous rendîmes au spectacle avec ceux des musiciens et

Canonniers qui voulurent nous accompagner. On y avait disposé pour nous la loge de S. A. le prince de Saxe Weimar et celles voisines. A notre entrée nous fumes salués par les plus vifs aplaudissemens, et dans un entr'acte l'orchestre exécuta le chant Français de *vive Henri quatre* et l'air national des Pays-Bas.

Le corps ayant ainsi été honoré en masse, chacun de nous fut accueilli en particulier le lendemain par les habitans et les militaires de la garnison, qui tous à l'envi, nous prodiguèrent les attentions les plus délicates et les soins de la plus noble hospitalité. Admis partout à la faveur de notre uniforme, nous employâmes une partie de la matinée à visiter les établissemens publics, et généralement tout ce que la ville de Gand renferme de curieux. Pendant ce temps, les officiers soussignés faisaient les visites d'usage aux autorités civiles et militaires, qui eurent la bonté de les leur rendre. A midi, réunis en banquet à l'hôtel où nous étions descendus, nous portâmes avec le plus vif enthousiasme des toats à S. M. le Roi des Pays-Bas ; à S. M. le Roi de France ; à la société de sainte Cécile ; aux habitans et à la garnison de Gand.

 Le repas terminé, nous prîmes les armes pour nous rendre sur la place du marché au Vendredi, où se réunirent toutes les musiques concurrentes au nombre de quatorze. Là nous fûmes passés en revue par les commissaires nommés à cet effet, lesquels nous décernèrent sur-le-champ, le prix de belle tenue pour la classe des villes. On se forma alors en cortège, dans l'ordre désigné par le sort, et l'on se rendit sur la place d'armes où deux estrades avaient été élevées, l'une pour les exécutans, l'autre pour les juges. Le concours commença par les musiques des communes, celles des villes vinrent ensuite. L'estrade des musiciens était éclairée au gaz par une infinité de jets de lumière de diverses formes. Le plus grand silence régnait parmi l'immense auditoire qui couvrait la place, pendant l'exécution des morceaux de musique, et ce silence n'était interrompu que par les applaudissemens accordés comme une première récompense, présage heureux de celles qui devaient la suivre. L'heure était fort avancée quand notre musique eût rempli sa tache, la suite du concours fut remise au lendemain matin. Cette seconde lutte étant terminée, le Jury proclama les noms des vainqueurs, qui vinrent recevoir des mains des autorités les médailles qui leur étaient décernées.

M le Bourguemestre, en présentant à notre chef de musique la première médaille d'exécution et celle de belle tenue, lui adressa les paroles les plus obligeantes, et le chargea de rendre compte aux habitans de Lille, de toute l'estime que les Gantois leur portent. « Vos ancêtres, ajouta-t-il, ont été
» long-tems Flamands comme les nôtres;
» nous-mêmes avons été depuis lors
» Français comme vous ; ce double lien
» nous sera toujours cher. Soyons fidèles
» à nos gouvernements respectifs ; mais
» cultivons nos relations d'amitié et de
» bon voisinage, et bénissons l'heureuse
» paix qui nous permet de nous regarder
» encore comme des compatriotes. »

Bientôt une scène plus touchante et tout-à-fait inattendue vint encore ajouter à l'enthousiasme dont tous les cœurs étaient remplis. M. le Bourguemestre fit appeler le commandant du détachement et le décora d'une médaille particulière, destinée à perpétuer le souvenir de l'excellente discipline observée par les Canonniers, et de l'heureuse harmonie qui avait régné entre eux et les Gantois. Des larmes de joie brillaient dans les yeux de nos Canonniers, ils ne pouvaient répondre autrement aux applaudissemens universels dont cette marque d'estime était accompagnée.

A deux heures et demie il fallut songer à repartir. MM. les officiers de la garnison et les membres de la société de sainte Cécile nous accompagnèrent quelque temps, et ne nous quittèrent qu'au milieu des embrassemens et des témoignages d'affection, qui faisaient de ce départ une scène de famille.

Au retour nous nous hâtâmes le plus qu'il nous fut possible, d'après l'avis que nous avions reçu de la réception qui nous attendait à Courtrai. En effet les autorités de cette ville, accompagnées de la musique et d'un grand nombre d'habitans, vinrent jusqu'à Harlebecque pour recevoir les vainqueurs. Une barque élégamment ornée et pavoisée devait nous conduire à Courtrai par la lys, et une fête charmante nous était préparée; mais ayant été retenus à Gand plus long-temps que nous le pensions, nous ne pûmes arriver à Courtrai qu'à dix heures du soir, et notre brillant cortège après quatre heures d'attente, venait de rentrer en ville. Toutefois la société Philharmonique vint encore nous recevoir et nous offrir un banquet amical, lequel fut suivi d'un bal dans la salle de cette société. De plus tout avait été prévu pour loger convenablement la musique et le détachement.

Le lendemain en quittant Courtrai, nous aperçumes encore la tente qui avait été préparée la veille pour nous recevoir près du pont de la lys, et sur le même pont les pavillons Français et Belge, auxquels nous rendimes les honneurs en passant, tandis que des salves d'artillerie répondaient à notre salut.

Nous dûmes pour ainsi dire nous arracher aux témoignages d'amitié dont nous étions comblés ; mais à Menin une nouvelle réception nous attendait. La musique de cette ville vint au-devant de nous, tandis que la garnison était rangée sur les glacis pour nous rendre les honneurs militaires. A notre arrivée sur la place un jeune enfant vêtu de blanc, nous présenta une branche de laurier à laquelle était attaché le quatrain suivant qui rappelle une des époques les plus glorieuses de notre histoire :

   Victorieux Lillois, célèbres Canonniers,
   Vous qui avez bravé l'Autriche en sa colère,
   Vous qui avez sauvé la cité de vos pères,
   D'un enfant meninois acceptez ces lauriers.

   A notre sortie les mêmes honneurs militaires nous furent rendus, et nous fûmes accompagnés jusqu'à la frontière. Là, par une allusion pleine de délicatesse, la musique de Menin exécuta au moment où nous mettions le pied sur le territoire Français, l'air : *où peut-on être mieux*, etc.

   Ainsi se termina une excursion qui a offert le spectacle de l'union la plus parfaite, entre deux peuples voisins que la politique sépare mais que le cœur rapproche.

Il ne nous reste plus qu'à vous informer, M. le colonel, de la bonne conduite du détachement et de la compagnie de musique, en tout ce qui a rapport au service et à la tenue, et à vous assurer que la discipline militaire a été observée avec toute l'exactitude nécessaire pour conserver au corps des Canonniers sédentaires de Lille, la réputation que nos prédécesseurs lui ont acquise.

Nous avons l'honneur d'être avec le plus profond respect,

M. le Colonel,

Vos très-humbles et très-obéissants serviteurs.

Signés CORDONNIER, capitaine adjudant-major, commandant le détachement; PÉRIEZ-FAVIEZ, capitaine en second à la 1.re compagnie; S.-LEGER, lieutenant en premier à la même compagnie; BRUN LAVAINNE, chef de musique.

DÉSIRANT compléter le plus qu'il m'était possible ce petit recueil, et lui donner un intérêt de plus pour ceux qui ont fait partie du corps des Canonniers à quelques époques mémorables, j'ai fait de longues recherches pour me procurer, soit les anciens contrôles, soit d'autres pièces dignes de foi, contenant les noms des Canonniers ou au moins de leurs principaux chefs. Voici à cet égard tout ce qu'il m'a été possible de recueillir :

1602.

Grands connétables :

Adrien Vandenheede, seigneur de Lespie.

1638.

Hubert Duhot, seigneur du Grand-Fait.

1648.

Lamoral Du Bois, échevin.

SIÈGE DE LILLE
Par Louis XIV.

1667.

Grands connétables.

Boussemaert.

1668.

Jean Duberon.

Rois, petits Connétables, Capitaines d'armes, etc.

Dubois, roi.	Jean Bourgeois.
Jean Pollet.	Auguste de Henneroi.

1673.

Dubois, roi.   Louis Mangez.   Jean Reynier.

1677.

Bon Romon.   Ignace Morel.

1682.

André Dusaultoir, roi.	P. Mauroy.
Jean Pollet.	Ignace Morel.
Arnould Franç. Pollet.	Noël Charles.

1688.

Rolland.   Goudeman.

1704.

Grand Connétable.

Henri Mertens de l'Hermitage.

Rois, petits Connétables, Capitaines d'armes, etc.

J. B. Dupont, roi.	Joseph Frecot.
Adrien Delattre.	François Doremieux.

SIÈGE DE LILLE

Par le prince Eugène.

1708.

Grand Connétable.

Henri Mertens.

Rois, petits Connétables, Capitaines d'armes, etc.

J. B Dupont, roi.	René Rolland.
J. Deleporte.	Antoine Dupré.
Pollet.	Pierre Jou.

Canonniers.

Antoine Dusaultoir.
Guibert Laudent.
François Delebecq.
Louis Delespaul.
André De Corne.
Gaspard Fouart.
Sébastien Warduvoir.
Nicolas Descamps.
Jacques Boutry.
Jean-Baptiste Bettremieux.
Maximilien Lecomte.
Ch. Dom. Lucas.
Walerand Deflandres.
Louis Raoût.
Pierre Lecat.
Jean Labbe.
Jean François Lour.
Claude Ignace Leroy.
Jean Deleporte.
Martin Deleporte.
J. B. Lefebure.
Nicolas Demailly.
J. B. Soyer.
François Sion.
Amb. De Beaumont.
Enguer. De Beaumont.
Antoine Bailliat.
André Gille.
Antoine Gille.
André Rogier.
Henri Derache.
François Gadenne.
Gerard Couvez.
Dominique Raout.
Thomas Leclercq.
François Dassonville.
Louis Lerique.
Honoré Noiret.
Destailleurs.
Nicolas Causse.
Antoine Desmanneaux.
Nicolas Chuffart.
Nicolas Martin.
Pierre Joseph Mongars.
Hoccart.

Grands Connétables.

1726.

Henri Mertens.

1731.

Nicolas Durand.

1748.

Guillaume Durand De la Vallée.

1789.

Beghein de Beuslin.

Rois, petits Connétables, Capitaines d'Armes etc.

1731.

Guillaume-Charles Pinart, roi.

1734.

François Prévost, roi.

1748.

Denis Matil, roi.
J.J. Dubois, capitaine.
P. F. Allard, roi de plaisir.

P. J. Chuffart, roi de Sainte-Barbe.
Delhaye, sous-connétable.

1765.

J. Pinard, roi.
Lefèbre, petit connétable.

Leclercq, cap. d'armes.
Millescamps, capitaine de batterie.

1775.

Delaville, 2ᵉ connétab.
D'hin, greffier.

Millescamps, cap. d'armes.

1789.

Nicquet, capitaine.

Nouvelle organisation.

BOMBARDEMENT DE LILLE.

1792.

Ovigneur, capitaine.
Delecocq, lieutenant.
D'hellemmes. s.-lieut.
Froidure, sergent-maj.

Castel,
Debraux,
Hecquet,
Dusart,
} Sergents.

Blanchez, ⎫
Selosse,   ⎬ Caporaux.
Hauwel,   ⎪
Senez,   ⎭

Ph. d'Hellin, ⎫
Magnier,   ⎬ Ouvriers.
Debras,   ⎭

Liébart,   ⎫
Leva,   ⎬ Artificiers.
Boutry,   ⎭

Duprez,   ⎫
Mahieu., ⎬ Sapeurs.
Gibert,   ⎭

Canonniers.

J. B. Dubrusle.   Charles Balé.
Longhaye.   Delesalle.
Michoud.   Degroux.
Rubrecq.   Caquant.
Robart.   Parent.
Deletombe.   Charles Martel.
Druon.   Léonard Vienne.
P. Delecour.   Delesalle, l'aîné.
F. Hovine.   De Roulers.
Sinave.   Dubois, dit Joli.
Martyns, Hans.   Le Marchand.
Ch. Lefebvre.   Fabre.
Haut - Cœur.   Antoine Roefs.
Demaline.   Auguste Desquiens.
Cottignie.   Gourmez.
Masse.   Legrand, l'aîné.
Quittez.   Legrand, cadet.
Ancelin.   Decroix.
Deruelle.   Wymille.
                       Reboux.

(93)

Wicart.
Laviolette.
Dubrulle.
Lancel.
Leclercq.
Martinez.
Louis Soyer.
Legrand.
Philippe Delemotte.
Poulet.
Adrien Masse.
Poulliard.
F. Lefebvre.
Croiset.
Mathon.
J. Allard.
Bailly.
Élie Dubus.
Lamblin.
F. Desante.
Goderin.
Bourgois.
Doignies.
Comer.
Pinel.

Jean-Bapt. Vandamme.
Buquet.
Morel.
Dubar.
Ch. Charles.
Jean-Bapt. Rohart.
Joiset.
Barlet.
Dujardin.
Margat.
Ignace Vantourout.
L. Mahieu.
Maurice.
Vandenbroucq.
Dusart, cadet.
Groux.
F. Bailly.
Jean-Baptiste Quef.
Masquelez.
Salembier.
Somers.
Franchomme fils.
Moraux.
Vincent Guillain.
Brison.

(NOTA.) Malgré les perquisitions les plus exactes, il n'a pas été possible de retrouver le contrôle de la compagnie commandée par le capitaine Nicquet. La dispersion des archives du corps pendant la révolution est seule cause d'une omission qu'il n'a pas été possible de réparer.

Années.	COMMANDANS.	CAPITAINES.
XIII.	Burette-Martel.	C. Ovigneur. J. B. Morel.
1811.	Joseph Brame.	Vanackère. Barrois.
1814.	Joseph Brame.	Vanackère. Barrois.
1816.	Joseph Brame, colonel-command. Barrois, commandant en second.	Vanackère. Poirel. Coustenoble. Lefort.
1824.	Barrois.	Desquiens. Poirel. Périez. Lefort. Goudeman.
1826.	Joseph Brame, colonel-commandant.	Leclercq-Villette. Debuus Periez. Lefort. Goudeman.

du Corps. 95

LIEUTENANS ET SOUS-LIEUTENANS.	ÉTAT-MAJOR.
A. Leroux. H. Grand-Girard. A. J. Cocquel. H. Crucq.	J.-B. Leboucq, quart.-mait. Dubois, porte-drapeau.
D'Hellemmes. Honoré. Periez. Goudeman.	Lamblin, quart-maître. Dourlen, officier de santé. N.... porte drapeau.
Periez. Stiévenard. Coustenoble. Goudeman.	Lamblin, quartier-maître. D'Hellemmes, porte-drap. Dourlen, officier de santé.
Desquiens. Stiévenard. Cordonnier. Waymel.	Lamblin, quartier-maître. D'Hellemmes, porte-drap. Dourlen, officier de santé.
N. Waymel. Saint-Leger. Dubois.	Cordonnier, adj.-major. Lamblin, quartier-maître. Jacquerie, porte-drapeau. Dourlen, officier de santé.
Saint-Leger. Waymel. Dubois. Bouvez. Jacquerie. Fabre.	Cordonnier adj.-major. Lamblin, quartier-maître. Thery, porte-drapeau. Dupont, chir.-major.

CONTROLE GÉNÉRAL DU CORPS
DES
Canonniers sédentaires
DE LILLE.

Janvier 1827.

M. Joseph Brame, colonel de la Garde Nationale, commandant supérieur du corps.

Etat-Major.

MM. Lamblin, capitaine, quartier-maître.
    Thery, lieutenant, porte-drapeau.
    Dupont, chirurgien-major.
    Dourlen, chirurgien aide-major.
    Dufour, adjudant sous-officier.
    Bodin (Pierre) tambour-major,
    Bodin (Louis), sergent-sapeur.

Compagnie de Musique.

MM. Brun-Lavainne, chef de musique.
Moraux (Louis), sous-chef.
Quarez, fourrier.

Robart.	Lefebvre.
Degand.	Moraux (Henri).
Bourdrez.	Fortin.
Crombé.	Colas.
Ryckx.	Henriprez (Jules)
Mas (Louis).	Sculfort.
Coquelle.	Lahou.
Delaforge.	Duthoit.
Clais, fils.	Carlier,
Lufiac, fils.	Deforge.
Grisel.	Colin.
Jacques, dit Printems.	Courcelle.
Mas (Jules).	Postiau.
Humbert.	Pilate.
Lemoine.	Mayeur.
Courtaint.	Stubb.
Humblot.	Brun, fils
Froment.	Grou.
Delecourt.	Dewarlez
Vanderghinste.	Neirynck.
Bonnier (J. Baptiste).	Lecomte, fils.
Roger.	

Compagnie des Canonniers Vétérans en activité.

Goudeman, capitaine en premier.
Jacquerie, capitaine en second.
Fabre, lieutenant en second.
Mouttet (Antoine), sergent-major.
Hennion (J. Baptiste), sergent.
Watteau (Charles), sergent.
Brocvelle (Jean Baptiste), fourrier.

Pavie (P.), caporal.
Lufiac.
Vermeille (Josph).
Querton (François)
Allard (Charles).
Gauthier (Joseph).
Gravelins (Joach.)
Delporte (Louis).
Colas (François).
Pilot (Charles).
Delporte (Philip.)
Delbruyer (Dom.)
Hennion.
Empin.
} Vétérans.

Vétérans en non activité.

Caby (Pierre), sergent-major.
Platel (Henri), Capor.
Boutry (Pierre).
Léthocart (Jean-Baptiste).
Bonnier (Ignace).
} Vétérans.

Carrier (François).
Valette (Noël).
Blanchet (Louis).
Desoignes (Ant.)
Godefrin (Étienne)
Lethocart (Louis).
Waymel (Ignace).
} Vétérans.

[4]

Première compagnie.

Leclercq, capitaine.
Périez, capit. en second.
St. Léger, lieutenant.
Bouvez, lieut. en sec.
Duquesne, serg.-maj.
Caufourin, ⎫
Bonte, ⎬ Sergens.
Monchain., ⎪
Mallez, ⎭
Cuvelier, fourrier.
Prusse, ⎫
Verhacter, ⎪
Marsal, ⎬ Caporaux.
Cossart, ⎪
Godefrin, ⎪
Honnis, ⎭
Degobert, cap. sapeur.
Plaetsier, ⎫
Bergue, ⎬ Sapeurs.
Fliniaux, ⎭
Lesaffre, ⎫
Leboucq, ⎬ artificiers.
Delau, ⎫
Frazé, ⎪
Lesaffre (Léandre). ⎬ ouvr. en fer.
Jacquerie (Félix). ⎭

Treffel, ⎫
Laden, ⎬ ouv. en bois.
Laden (Alexandre) ⎫
Vincent, ⎪
Baes, ⎬ 1ers Canonniers.
Clais, ⎪
Godefrin, ⎭
Tilman, ⎫
Ravel, ⎪
Fontaine, ⎪
Brocvelle, ⎪
Delos (Henri). ⎪
Dufay, ⎪
Renaux, ⎪
Plarier, ⎬ Canonniers.
Corman, ⎪
Lepez, ⎪
Dubo, ⎪
Delmotte, ⎪
Deblock, ⎪
Mathorez, ⎪
Noël, ⎪
Delannoy, ⎪
Grisel, ⎪
Decrouy, ⎭

[5]

Cuignet,
Poissonnier,
Henripré,
Courouble,
Vandrisse,
Massy,
Montaigne,
Crucq,
Marquily,
} Canonniers.

Renaudin,
Ponthieu,
Fambry,
Porret,
Vermeille,
Deswaert,
} Canonniers.

Maretz,
Bodin,
} tambours.

Deuxième compagnie.

Debuus (Fidèle), capitaine en premier.
Lefort (Louis), capitaine en second.
Waymel (Augustin), lieutenant en premier
Dubois (Alexandre), lieutenant en second.
Brame (Narcisse), sergent-major.
Morel (Remy), fourr.
Delporte (François),
Lepez (Louis),
Empin (André),
Corman (Narcisse)
} Sergens.
Rey (Édouard), maître d'escrime.

Lemayeur (Pierre)
Joncquet (Henri),
Rollez (Philippe),
Bonnier (Louis),
} Caporaux.

Masse (César),
Delerue (Auguste),
Manche (Louis),
Bodin (Dominiq.)
} Sapeurs.

Régis,
Guffroy (Jean-B.)
Scoutteten (Narc.)
} artificiers.

Preuvost (Édouard), ouvrier en fer.
Guffroy (Fidèle). id.
Godefrin (François) ouvrier en bois.

[6]

Auguste,
Théry (Louis),
Platel (Auguste),
Goens (Charles),
D'henry (Pierre),
Voyelle (Charles),
Warocquier (Hen),
Béghin (Pierre),
Decroix(François),
Rouzé (François),
} Premiers canonniers.

Noël (Desiré),
Barsanty (Louis),
Coustenoble,
Delos (Charles),
Lecomte (Isidore),
Clément (Auguste)
Crombé (César),
Porte (François),
Houzé (Gilles),
Bailly (Adolphe),
Covelet (Ignace),
Debarge (Charles),
Pennelle (Bon ami)
Baudin (Auguste),
Bonnier (Florim.),
Gravelin (Moïse),
} Canonniers.

Gracy (Narcisse),
Despature (Charl.)
Descamps (Félix),
Bucquet (Jean-B.)
Mazurelle (Benoit),
Weppe (François),
Dubois (Louis),
Hard (Louis),
Hennocq (Louis),
} Canonniers.

Lemaire,
Déruelle,
} tambours,

www.ingramcontent.com/pod-product-compliance
Lightning Source LLC
Chambersburg PA
CBHW070303100426
42743CB00011B/2328